www.kidkiddos.com
Copyright©2015 by S. A. Publishing ©2017 by KidKiddos Books Ltd.
support@kidkiddos.com

All rights reserved. No part of this book may be reproduced in any form or by any electronic or mechanical means, including information storage and retrieval systems, without written permission from the publisher or author, except in the case of a reviewer, who may quote brief passages embodied in critical articles or in a review.
Tous droits réservés. Aucune reproduction de cet ouvrage, même partielle, quelque soit le procédé, impression, photocopie, microfilm ou autre, n'est autorisée sans la permission écrite de l'éditeur.
Second edition, 2019

Library and Archives Canada Cataloguing in Publication Data
Boxer and Brandon (French Bilingual Edition)
ISBN: 978-1-5259-1780-6 paperback
ISBN: 978-1-77268-525-1 hardcover
ISBN: 978-1-77268-316-5 eBook

Please note that the French and English versions of the story have been written to be as close as possible. However, in some cases they differ in order to accommodate nuances and fluidity of each language.

Created by Inna Nusinsky

Illustrations by Gillian Tolentino
Translated from English by Léa Plasse

Hello, my name is Boxer. I'm a boxer. This is the story of how I got my new family.

Bonjour, mon nom est Boxer. Ravi de te rencontrer ! Ceci est l'histoire de ma rencontre avec ma nouvelle famille.

It all started when I was two years old.
Tout a commencé quand j'avais deux ans.

I was homeless. I lived on the street and ate out of garbage cans. People got pretty mad at me when I knocked over their trash cans.
J'étais sans abri. Je vivais dans la rue et mangeais dans les poubelles. Les gens s'énervaient contre moi quand je renversais leurs poubelles.

"Get out of here!" they would shout. Sometimes I had to run away really fast!
*– Sors de là ! me criaient-ils.
Parfois je devais m'enfuir vraiment vite !*

Living in the city can be hard.
Vivre en ville, ça peut être dur.

When I wasn't looking for food, I liked to sit and watch people walk by on the sidewalk.

Quand je ne cherchais pas de la nourriture, j'aimais m'asseoir et regarder les gens marcher sur le trottoir.

Sometimes, I would look at people with my sad eyes and they would give me food.

Parfois, je regardais les gens avec mes yeux tristes et ils me donnaient de la nourriture.

"Oh, what a cute doggy! Here, have a snack," they would say.

– Oh, quel joli toutou ! Tiens, prends un casse-croûte, disaient-ils.

One day, a little boy and his dad were walking toward me.

Un jour, un petit garçon et son papa marchaient vers moi.

"How's that peanut butter and jelly sandwich, Brandon?" asked the boy's dad.

– Comment est ton sandwich au beurre de cacahuète et à la confiture, Brandon ? demanda le papa du petit garçon.

It looked really good!
Ça avait l'air vraiment bon !

I put on my sad eyes. The boy stopped and held out his sandwich. I was just about to take a bite, when…

Je fis mes yeux tristes. Le garçon s'arrêta et me tendit son sandwich. J'étais sur le point d'en prendre une bouchée, quand…

"Brandon, don't feed that dog! He'll just come looking for more," exclaimed his dad. Brandon pulled the sandwich back.

– Brandon, ne nourris pas ce chien ! Sinon il reviendra tout le temps, s'exclama son papa. Brandon reprit le sandwich.

So close—I could smell the peanut butter! Parents never want to share with me!

Si près – je pouvais sentir le beurre de cacahuète ! Les parents ne voulaient jamais partager avec moi !

I whined as pitifully as I could as they walked away.

Je gémis aussi piteusement que je pus tandis qu'ils s'éloignaient.

After that, I decided to chase a cat, and then I took a nap. I was having a wonderful dream.

Après ça, je décidai de poursuivre un chat, puis je fis une sieste. Je fis un rêve merveilleux.

I was in a park and everything was made from meat! The trees were steaks! It was the best dream ever.

J'étais dans un parc et tout était fait en viande ! Les arbres étaient des steaks ! C'était le meilleur rêve de ma vie.

Something woke me up, though. Right in front of me was a piece of a sandwich! I jumped to my feet and gobbled it down.

Quelque chose me réveilla, pourtant. Pile en face de moi se trouvait un morceau de sandwich ! Je sautai sur mes pattes et le gobai.

Mmmmm! It was so good! Just like my dream.

Hmmmm ! C'était si bon ! Pile comme dans mes rêves.

"Shhh," said Brandon. "Don't tell Dad." *What a nice little boy*, I thought to myself.

– Chuuut, dit Brandon. Ne le dis pas à Papa. Quel gentil petit garçon, pensai-je.

Day after day, Brandon would come visit me and give me a snack. Then, one day…

Jour après jour, Brandon vint me rendre visite et me donner un casse-croûte. Puis, un jour…

"Hurry up, Brandon. You'll be late for school," said Brandon's dad.

– Dépêche-toi, Brandon. Tu vas être en retard à l'école, dit le papa de Brandon.

"I'm coming!" shouted Brandon as he ran past, dropping a brown bag on the sidewalk.

– J'arrive ! cria Brandon en courant, lâchant un sac marron sur le trottoir.

Sniffing around, I walked up to it and looked inside. It was full of food!

En reniflant, je marchai jusqu'au sac et regardai dedans. Il était plein de nourriture !

I was just about to eat it all when I thought of something. *Brandon always brings me food when I'm hungry. If I eat his food, then he'll be hungry. That isn't fair.*

J'étais sur le point de tout manger quand je pensai à quelque chose : Brandon m'amène toujours de la nourriture quand j'ai faim. Si je mange sa nourriture, alors c'est lui qui aura faim. Ce n'est pas juste.

"I'm coming, Brandon!" I howled.

– *J'arrive, Brandon ! hurlai-je.*

He and his dad were way down the street. I ran after them with the brown bag in my mouth.

Lui et son papa étaient plus loin dans la rue. Je leur courus après avec le sac marron dans la bouche.

As I was passing an alleyway, I saw a cat. I hate cats! I forgot about my mission and dropped the bag.

Alors que je passai devant une allée, je vis un chat. Je déteste les chats ! J'oubliai ma mission et lâchai le sac.

"Bark, get out of here, cat!" I barked.

– Wouf, sors d'ici, chat ! aboyai-je.

Then I remembered Brandon's lunch. He was going to be hungry if I didn't bring him his lunch!

Puis je me rappelai du déjeuner de Brandon. Il allait avoir faim si je ne lui ramenais pas son déjeuner !

It was hard, but I forgot about the cat. I picked up the brown bag again and started running.

C'était dur, mais j'oubliai le chat. Je ramassai le sac marron et me mis à courir.

Further down the street, I stopped again. A butcher shop!

Plus loin dans la rue, je m'arrêtai encore. Une boucherie !

There were pieces of meat and sausages hanging everywhere. Mmmmm...

Il y avait des morceaux de viande et de saucisse accrochés partout. Hmmmm...

Wait! I had to bring Brandon his lunch or he was going to be hungry!

Attends ! Je devais amener son déjeuner à Brandon ou il allait avoir faim !

It was hard, but I forgot about the meat. I grabbed the lunch and started running again.

C'était dur, mais j'oubliai la viande. J'attrapai le déjeuner et recommençai à courir.

I turned a corner and stopped. There was another dog wagging his tail.

Je tournai au coin de la rue et m'arrêtai. Il y avait un autre chien, qui remuait la queue.

"Hi, want to play?" he woofed.

– Salut, tu veux jouer ? Aboya-t-il.

"I sure do!" I answered. "Oh, wait, I can't right now. I have to bring Brandon his lunch."

– Oh oui ! répondis-je. Oh, attends, je ne peux pas jouer maintenant. Il faut que j'amène son déjeuner à Brandon.

It was hard, but I forgot about playing. I grabbed the lunch and started running again.

C'était dur, mais j'oubliai les jeux. J'attrapai le déjeuner et recommençai à courir.

I could see the school—and there was Brandon with his dad! I ran as fast as I could.

Je vis l'école – et voilà Brandon et son papa ! Je courus aussi vite que possible.

Stopping in front of Brandon, I dropped his lunch bag on the sidewalk. Just in time!

M'arrêtant devant Brandon, je lâchai le sac marron sur le trottoir. Juste à temps !

"Look, Dad, he brought my lunch!" exclaimed Brandon.

– Regarde, Papa, il m'a ramené mon déjeuner ! s'exclama Brandon.

"Wow, he sure did. That's amazing!" said his dad. They both patted me on the head.

– Wahou, en effet. C'est incroyable ! dit son papa. Ils me caressèrent tous les deux la tête.

Brandon was happy and so was his dad.
Brandon était content et son papa aussi.

In fact, his dad was so happy that he brought me home. He gave me a bath. He gave me food!

En fait, son papa était si content qu'il me ramena chez eux. Il me donna un bain. Il me donna à manger !

Now when Brandon and his dad go walking, I get to walk with them. And when they go home, I get to go home with them!

Maintenant, quand Brandon et son papa vont balader, j'ai le droit d'aller avec eux. Et quand ils rentrent à la maison, j'ai le droit de rentrer avec eux !

I love my new home and my new family!

J'adore ma nouvelle maison et ma nouvelle famille !

www.ingramcontent.com/pod-product-compliance
Lightning Source LLC
Chambersburg PA
CBHW061133070526
44584CB00033B/4312